●解　説

戦争反対などが「国賊」「非国民」扱いされた絶対的天皇専制時代に侵略戦争に反対し、国民の苦しみの解放、主権在民、社会的平等を願って治安維持法下の社会で活動した伊藤千代子の希望と苦難の生涯の映画化です。

1920年代（昭和初期）、絶対的天皇専制政治のもとで国民は天皇の臣民（天皇の家来）とされ、貧困と無権利の状態に置かれました。天皇専制ファシスト政府は中国への侵略を開始しました。

同時に天皇専制政府は1925年に治安維持法を成立させ、共産党員、社会主義者、知識人、労働組合・農民組合員、宗教者等を思想犯罪者として逮捕し拷問を加え弾圧したのです。無数の活動家が治安維持法で命をおとしました。

伊藤千代子もそうした活動家の一人でした。

語学の勉学を志した千代子は、仙台・尚絅女学校へ。そこで新しい社会思潮に出会い、思想的に目覚めます。

1925年東京女子大英語専攻部に入学した千代子は、大学内の社会科学研究会結成に参加し、科学的社会主義の理論を学び自分のものとします。社会変革の実践活動の中で鍛えられ、社会変革運動に確信を深めた千代子が願ったのは、主権在民、社会的平等が保障され国民の苦しみが解放される社会の実現でした。しかし、天皇専制政府はそんな千代子を許すことはなく、1928年3月15日の一斉弾圧で特高に逮捕され、特高警察の激しい拷問を受け、市ヶ谷刑務所に勾留されます。

千代子は正しい事を信じ拷問に堪え、獄中の中でも学習を続けます。同時に治安維持法で逮捕された同志達を独房から励ますのでした。しかし、そんな千代子に最愛の夫の変節が知らされ、権力は容赦なく千代子にも転向を迫ります。それでも頑強にたたかい抜く千代子は、劣悪な独房のなかで次第に体力を失い精神的な病状に陥り、精神科病院に移送されます。そして1929年、回復期を迎えながら肺炎を併発し、誰にも看取られることなく、24歳の若さで生涯を閉じました。人民弾圧を目的に作られた治安維持法の犠牲者である伊藤千代子の闘いの記録は「暗闇から一筋の光を射すような輝かしい闘いの生涯でした」。

新人40名ほどのオーディションで選ばれたのは円企画所属の井上百合子。大役、伊藤千代子の一生を堂々と演じ高い評価を得ています。

また、千代子と革命を共にする活動家に今、最も輝いている新人女優が多数出演しています。

その他のキャストでは、窪塚俊介が複雑な革命家、浅野晃を見事に演じています。土屋文明に演技派の金田明夫、そして石丸謙二郎が冷徹な特高を演じています。また、東京女子大の学長安井てつ役で竹下景子が存在感を見せています。加えて、嵐圭史、津嘉山正種のベテラン陣が脇を固めています。監督は、映画「アンダンテ　稲の旋律」「校庭に東風吹いて」を製作した桂壮三郎がメガホンをとっています。

JN046451

●ストーリー

　1905（明治38）年に信州諏訪で生まれた伊藤千代子は、幼少に母親が病死し父親は協議離婚。その後、祖父の病死で、小学校3年で母親の実家、岩波家で育てられる。

　転校した小学校で、小説家志望の平林たい子と出会い、千代子は島崎藤村に加えてロシア文学までも読むようになる。

　成績の良い二人は諏訪高等女学校に入学する。そこで、アララギ派の歌人、土屋文明教頭から英語・国語などの教えを受け、もっと広い世界を知りたいと、千代子は東京の大学で英語を学ぶ願望をもつ。

　しかし、男尊女卑の社会風潮が強く、岩波家も大学進学に反対のため、千代子は働いて資金を貯めて、自分の力で進学する道を選ぶ。

　高島尋常高等小学校の代用教員に採用された千代子は1年生を受け持つ。そこで、弁当を持参できない子どもたちの貧困問題を知り、この不公平な社会を、よりよい社会に変えたいという思いを胸に秘める。

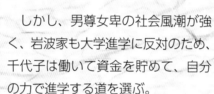

　2年後、仙台の尚絅<ruby>絅<rt>しょうけい</rt></ruby>女学校に入学する。外国人教師から英語と民主主義を学ぶ千代子。翌年、東京女子大学英語専攻部の受験に挑み2年生に編入する。

　大学では、社研（社会科学研究会）に参加して活動する。さらに、ベーベルの『婦人論』を読んで、婦人の参政権、男女平等、女性の自立なども訴えるようになる。

　しかし、この年の4月、政府は、第一次世界大戦後に高揚した社会運動を抑えるために、治安維持法を制定し、思想言論弾圧が激しくなっていた。

　一方、千代子は学外で、女子大学生の社研学習会に出席するようになる。その講師の浅野晃は東京帝国大学の学生運動（新人会）で活躍し、千代子と共通点の多いことで、お互いに気が合うのだった。

　1年後、千代子は社研の先輩として、学習会を放課後、寄宿舎や校庭で開くのだった。夏休み、故郷で製糸工場の組合員がスト突入の大争議が始まる。組合

の主導者は千代子の又従姉妹の平川ふみでした。千代子と浅野は、ふみたち組合員支援のために奮闘するのだった。

この時、諏訪湖の湖畔で、千代子は浅野からプロポーズを受け、承諾する。

争議は、会社の策略によって、ふみたち組合は敗れるのだった。ふみは組合運動の勉強をしたいと、千代子を頼って上京する。

1928（昭和3）年2月。普通選挙法による初の総選挙をむかえた。千代子たちの支援する労働農民党から40名が立候補した。

このとき千代子は札幌、小樽地区から出馬する、東京の山本懸蔵の選挙資金を用立てる。そのおかげで山本候補は北海道に旅立ち、応援の小林多喜二と固い握手を交わすのだった。

総選挙の結果、労働農民党は大勢の支持を得て、山本宣治ら2名が当選した。「議員が増えれば、不公平な社会を変革できる」。千代子は将来を見据えて日本共産党への入党の道を選ぶのだった。

しかし、労働農民党の躍進を恐れた政府は3月15日、大弾圧を加えるのだった。千代子は検挙され激しい拷問を受けるが、屈せず抵抗する。

そして刑務所に送られるが、獄中のリーダーとして、侵略戦争反対、主権在民、男女平等の、平和と民主主義の社会を目指して志を貫くのだった。

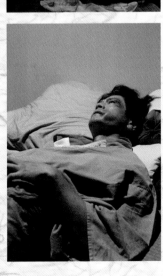

しかし、同志であり最愛の夫の浅野晃の変節と裏切りを知り、非人間的な刑務所での扱いもあって、千代子の精神と身体は、徐々に蝕まれていくのだった……。

原作との出会いを

土屋文明は、諏訪高等女学校で伊藤千代子と出会い、彼女の持つ内に秘めた才能を見抜きました。その教え子が特高警察の手にかかり投獄され、獄死した痛恨を軍国主義が横行する1935（昭和10）年秋「高き世をただめざす少女らここに見れば　伊藤千代子がことぞ悲しき」と実名を挙げて詠みました。戦後、ここに詠まれた「伊藤千代子」への関心が高まりました。

女学校時代、級友・平林たい子の「カゲの人」と呼ばれていた千代子が、なぜ社会変革運動のリーダーにまで変身していったのか。渾身の力を込めて探しだした資料群が物語る千代子の驚愕の真実。原作との出会いをお勧めします。

▲遺族に遺された唯一の写真

●原作者プロフィール　藤田廣登（ふじた・ひろと）

1934（昭和9）年、長野県下諏訪町生まれ。岡谷工業高校卒。化学会社を経て労働者教育協会・学習の友社、「平和と労働センター・全労連会館」建設委員会など勤務。
現在：労働者教育協会理事、治安維持法犠牲者国家賠償要求同盟顧問、東京山宣会副会長。
著書・共著：『小林多喜二とその盟友たち』（学習の友社）、『ガイドブック・小林多喜二の東京』（共著・学習の友社）他

▲▶伊藤千代子顕彰碑
（諏訪市湖南南真志野）

◆もっと知りたい皆さんへ＝参考図書◆

原作　藤田廣登著『増補新版・時代の証言者　伊藤千代子』
学習の友社刊　定価1760円（本体1600円・税160円）
副本『地しばりの花』──獄中最後の手紙4通を収録
獄中最後の手紙を見る会刊　頒価500円
『漫画・伊藤千代子の青春』
ワタナベ・コウ著『漫画・伊藤千代子の青春』
新日本出版社刊　定価1430円（本体1300円・税130円）

●原作が明らかにした 伊藤千代子の生涯●

1905（M38）長野県諏訪郡湖南村（現・諏訪市）生まれ
1912（T1）湖南尋常小学校入学
1914（T3）岩波家に引き取られる
1918（T7）諏訪高等女学校へ入学、この年土屋文明着任
1922（T11）生徒総代で卒業証書授与 高島小学校代用教員、児童と弁当分け合う
1924（T13）仙台・尚絅女学校入学。社会主義思潮と出会う
1925（T14）東京女子大英語専攻部本科編入学、社会科学研究会結成に参加 ベーベルの『婦人論』でジェンダー平等に目覚める
1926（S1）マルクス主義学習会で浅野晃講師（東大新人会）と出会う
1927（S2）「女子学連」結成に参加、岡谷の山一林組争議を激励 諏訪湖畔で浅野晃のプロポーズを受入れ結婚
1928（S3）2月20日第1回普通選挙で労農党支援活動 2月29日入党、中央事務局員 3月15日未明　共産党印刷所で、特高警察に検挙、拷問取調べ 市ヶ谷刑務所に収監、『資本論』学習に取組む。獄中の同志たちと連絡を回復、リーダーに
1929（S4）未決のまま病舎独房に1年半収容。思想係検事による「転向」攻撃激化、女子舎房団結の中心に座り獄中一斉行動などをリードする。 夫浅野の変節が決定的となり、懊悩続き拘禁精神病発症。 8月17日、東京府立松澤病院に収容。軽快へ向かうも肺炎併発、9月24日未明死去。

世の変革を求めて青春を捧げた一人の女性が未来に託したものは何か。私たちには応答する責務がある。

纐纈　厚（山口大学名誉教授）

　一九二七年四月、山東出兵で中国侵略の口火を切った田中義一政権が発足する。それは戦争の時代の始まりでもあった。この動きに歯止めをかけようと、全国で反戦の動きが活発化する。田中政権は治安維持法を使って弾圧に乗り出す。労農党と共同しつつ、非合法化されていた日本共産党も闘いに臨む。

　そこには貧困と差別の解消をめざして闘う数多の人たちがいた。若き伊藤千代子もその一人だった。少女時代から学ぶことの大切さを痛感していた千代子は、貧しき人たちに寄り添い、身をもって学ぶことの大切さを説く。そんな千代子に弾圧の魔の手が迫る。一九二八年三月一五日、特別高等警察（特高）は、日本共産党の撲滅を図る。三・一五日本共産党弾圧事件だ。映画はこの日、千代子の検挙シーンから始まる。

　多くの仲間との語りのなかで育まれる友情、党への献身的な働き。変革によって豊かで平和な世を創りたい、そう語る千代子は、「未来は社会主義のものである。いいかえれば、何よりもまず労働者と婦人のものである」ときっぱり口にする。言葉の強さと未来を見据えた輝く瞳が美しい。

　だが、無慈悲にも特高の手に落ちてしまう。検挙された後、もう一つの闘いが始まる。激しい拷問に耐え抜き、自らの信念に忠実たらんとする鞏固（きょうこ）な姿勢は、群を抜いていた。それが検挙された仲間たちを勇気づける。千代子の合図で収監された仲間たちと革命記念日に歌う「赤旗の歌」が刑務所内に溢れる。「民衆の旗　赤旗は　戦士の　かばねをつつむ……」。歌声は刑務所内だけでなく、全国の仲間たちにも届くが様に。時代を超えて、今を生きる私たちの耳にも聞こえてくるようだ。

　拷問により病を得た千代子に苦しみが襲う。同志でもある夫浅野の変節である。尊敬と愛情の念を抱いていた夫の裏切りに、どれだけ苦しめられたことか。世の変革なくして未来は切り拓けない、とする千代子の確信は最後まで揺るがなかった。心身を苛（さいな）まれた千代子に終焉の時が訪れる。その死は獄中の仲間たち、そして多くの同志に深い悲しみを誘う。

　千代子の死後、日本は侵略国家として立ち振る舞い、国の内外に数多の犠牲を強いていく。軍国日本に果敢に立ち向かった千代子の勇気と行動は、日本共産党の歴史に確実に刻印されていく。平和と民主主義の実現を求める者たちにとって、千代子の生き様は大きな道標（みちしるべ）となっているのだ。千代子に応答するのは、私たちの責務ではないか。

纐纈　厚（こうけつ・あつし）：山口大学名誉教授、歴史学・政治学者
主著：『戦争と弾圧』（新日本出版社）、『「聖断」虚構と昭和天皇』（同）、『憲兵政治』（同）、『戦争と敗北』（同）、『監視社会の未来』（小学館）、『日本降伏』（日本評論社）、『私たちの戦争責任』（凱風社）、『文民統制』（岩波書店）、『田中義一』（芙蓉書房出版）等多数。

●伊藤千代子・役……井上百合子

●コメント

「伊藤千代子さんを演じる自信はありますか」オーディションの最後に、監督が私に投げかけた言葉です。

「はい」と反射的に答えましたが、少し考えて、「嘘です。すぐに演じられる自信はないです」と本心をお伝えしました。

台本に綴られた彼女の人生は、二つ返事では引き受けられない壮絶なものでした。

彼女の生きた時代を学び、暮らした土地を訪れ、彼女の読んだ本を読む。

役を頂いてから撮影が終わるまで、勉強の日々が続きました。

「時代の犠牲になった可哀想な人」ではなく、一人の女性として、何を思い、どう生きたかを表現したいと常に思い、今の私に出せる全ての力を捧げて演じました。

この映画が一人でも多くの方に届いたら嬉しいです。

●プロフィール

1995年7月12日生まれ　千葉県出身

[特技] コントラバス（6年）・ピアノ（15年）

[経歴] 2014年　私立国府台女子学院高等部 卒業

2018年　武蔵野美術大学造形学部 卒業

2018年　円演劇研究所 入所

2019年　演劇集団円会員 昇格

[舞台] 「見よ、飛行機の高く飛べるを」（研究所卒業公演）

「途方もないが、光」（高田馬場 RABINEST）

「青い鳥」（円公演 /2019）

「ピローマン」（演出：寺十吾／円公演／ 2022）

「通りすがりの Youtuber」

（演出：中津留章仁／ CBGK シブゲキ／ 2022）

[ＴＶ]　「刑事7人」（1話／ EX/2019）

[映画]　「サチとサチコ」（自主制作映画／ 2020）

「わが青春つきるとも─伊藤千代子の生涯─」

（主演 2022）（監督：桂壮三郎）

[ＣＭ]　「のどごし生」

[ＭＶ]　「僕がコーヒーを入れるから」

https://youtube.com/ulHe0wa5wXc

https://youtube.com/eYu0wFDd4X0

●キャスト紹介

●浅野　晃・役……窪塚俊介

> コメント●伊藤千代子女史の計り知れない信念の強さに驚きました。今の時代に私たちがこれほど我慢強く生きることができるだろうか。思想や主義にかかわらず、一人の人間としてこういう人に政治家になってもらいたい。

1981年11月6日生まれ／神奈川県出身／特技：バレーボール／慶應義塾大学理工学部 卒業、米ロサンゼルス リー・ストラスバーグ演劇学校
[映画] 2021「いのちの停車場」成島出監督、「女たち」内田伸輝監督、2020「海辺の映画館　キネマの玉手箱」大林宣彦監督
[舞台] 2021　五百羅漢寺・内幸町ホール　朗読劇「ヒロシマ」新藤兼人監督脚本、パルコ劇場「ピサロ」ウィル・タケット演出、2016　東京グローブ座「マクベス」鈴木裕美演出

●土屋文明・役……金田明夫

東京都出身／特技：水泳／1975年　現代演劇協会附属演劇学校入学、1975年　円演劇研究所入所、1977年　演劇集団円　会員昇格
[舞台]「誰彼のリチャード三世号」(1977)「冬のライオン」(1985)「リチャード三世」(2003)「マクベス」(2005)「オセロー」(2007)
[映画]「お葬式」(1984/NCP)「月はどっちに出ている」(1993/シネカノン)「お墓がない」(1998/松竹)「デスノート Light up the NEW world」(2016/ワーナー・ブラザース)「Fukushima 50」(2020/松竹・KADOKAWA)
[主なTV]「警視庁捜査一課長」(2016-2021/ANBレギュラー)「科捜研の女」(2013-2021/ANBレギュラー)

●安井てつ・役……竹下景子

1953年生まれ／愛知県出身／東京女子大学文理学部社会学科卒業
・1973年 NHK銀河テレビ小説『波の塔』で本格デビュー
・映画『男はつらいよ』のマドンナ役を3度務め、『学校』では第17回日本アカデミー賞優秀助演女優賞を受賞
・テレビ・映画・舞台などへの出演の他、2005年の日本国際博覧会「愛・地球博」日本館総館長をはじめ、国連WFP協会親善大使など幅広く活動している

●特高警察・役……石丸謙二郎

1953年生まれ／大分県出身
・つかこうへい舞台「いつも心に太陽を」(1978年)でデビュー
・1987年からテレビ朝日「世界の車窓から」ナレーション
(35年続く長寿番組となっている)
・2018年 NHKラジオ「石丸謙二郎の山カフェ」パーソナリティー
・著書『台詞は喋ってみなけりゃ分からない』(敬文舎)
[主な出演ドラマ] TX「警視庁0係」、NHK「ちむどんどん」

●岩波久之助・役……津嘉山正種

1944年生まれ／沖縄県出身
[芸歴] 第30回紀伊國屋演劇賞受賞、第4回読売演劇大賞優秀男優賞受賞
　　　 第15回声優アワード功労賞受賞
[主な出演ドラマ]
　　　 NHK「正義の天秤」、NHKBS「ファーストラブ」
　　　 NTV「同期のサクラ」、NHKBS「八つ墓村」、TBS「集団左遷」
[映画]「Fukushima 50」監督：若松節朗

●老人・役……嵐　圭史

五代目嵐芳三郎の次男として東京に生まれる
1959年前進座へ入る
主に舞台で活躍「鳴神」「国定忠治」「怒る富士」の伊奈半左衛門役で文化庁芸術祭受賞
1985年「子午線の祀り」で紀伊国屋演劇賞個人賞受賞

●キャスト紹介

●塩澤富美子・役……角田萌果

コメント●不安の多い社会の中で、大切なのはいかに希望を持ち続けられるか、何を行動していくかなのだと、この映画の人物たちから教わりました。感恩報謝を胸に、考えることの愉しさをもっともっと広めていきたいです。

1996年生まれ　神奈川県出身
新国立劇場演劇研修所卒（10期）
2018年青年座入団
主な出演作品
[舞台]「うつくしきものの伝説」鵜山仁演出／「横浜短篇ホテル」宮田慶子演出／「明日 一九四五年八月八日 長崎」山本龍二演出／「東京ストーリー」金澤菜々英演出／「Don't say you can't〜できないなんて言わないで」磯村純演出
[TV] NTV「悪女〜働くのがカッコ悪いなんて誰が言った？」／テレビ朝日「リーガルY」

●平川ふみ・役……塚瀬香名子

コメント●ふみ役を通して千代子さんを見つめた撮影期間。今ある幸せを噛み締め、今尚残る問題やこの社会に私はどのように関わり何ができるだろうかと日々考えるきっかけとなりました。多くの人にこの作品が届きますように。

1995年生まれ　東京都出身
新国立劇場研修所卒（10期）
2017年 青年座映画放送所属
[主な出演作品]
[舞台] パルコ「アンチゴーヌ」栗山民也演出／新国こつこつプロジェクト「リチャード三世」西 悟志演出
[映画]「山中静夫氏の尊厳死」村橋明郎監督／「累ーかさねー」佐藤祐市監督

●原　菊枝・役……宜野座万鈴（ぎのざまりん）

コメント●映画のキャラクター達のあどけない少女から、力強い女性になっていく成長と、拱手傍観がほとんどな今の私達が、悩み真剣に向き合った中での演技の成長を感じ、とてもパワー溢れる映画でした！

1999年生まれ
沖縄県出身
2020年青年座研究所卒
同年青年座入団
[主な出演作品]
[舞台]「僕の東京日記」／「ブンナよ木からおりてこい」
[映画]「島守の塔」五十嵐匠監督

●今井久代・役……平田　舞

1993年生まれ　広島県出身
「芸歴」2016年演劇集団円会員昇格。
[舞台]「アイシュタインの休日」「夏の夜の夢」（映画）「あの日のオルガン」「おやじの釜めしと編みかけのセーター」
[TV]「科捜研の女16」（ラジオ）「丘の上の希望」

●渡辺多恵子・役……田上　唯

1990年生まれ　福岡県出身
2012年 劇団青年座入団
[主な出演ドラマ]
TX「リーガル・ハート」／NHK「万灯」／TBS「おくのほそ道」迷宮シリーズ／TBS 新・浅見光彦シリーズ「平家伝説殺人事件」
[映画]「数多の波に埋もれる声」監督 宗野賢一
[舞台]「からゆきさん」／「夜明けに消えた」／「横濱短編ホテル」

●森田京子・役……和内璃乃（わうちりの）

2003年生まれ　神奈川県出身
10歳の時にベネッセのCMでデビュー、以後モデル業と女優
[主な出演作品]
TV：ABEMA「虹とオカミには騙されない」「14 ALLL」NTV「超無敵クラス」
映画：「私にXXにしなさい！」「悪の華」

●西村櫻東洋・役……印南　唯（いんなみ）

コメント●遉しい。櫻東洋さんを初めて知ったときの1番の印象でした。激動の時代に凛々しく生き抜いた彼女たちを少しでも体現出来たらと思いながら撮影に参加させていただきました。平成、令和を生きている私では到底及ばない強さ、遉しさ、誠実さでしたが、少しでも伝わっていたら嬉しいです。素晴らしい出逢いをありがとうございました。

1988年8月17日生まれ
新潟県出身
桐朋学園芸術短期大学芸術学科を卒業後、2009年劇団民藝に入団。
最近の舞台「大正の肖像画」(2015)「ある八重子物語」(2020、2021)
2022年9〜10月公演「忘れてもろうてよかどです」に出演予定。

●三瓶孝子・役……當銀祥恵（とうぎんさちえ）

1992年生まれ　群馬県出身
2015年劇団青年座入団
[TV 主な出演ドラマ] モンローが死んだ日（NHK）天城峠殺人事件 浅見光彦シリーズ（TBS）
[舞台] 天一坊十六番 遥かなる海の讃美歌 ペトロ岐部物語

●服部民子・役……市橋　恵

1994年生まれ　長野県出身

2017年 劇団青年座研究所41期 卒業 劇団青年座所属

[舞台]
「中島鉄砲火薬店」／「残り火」演出：伊藤大

●浅野ステ・役……曽川留三子

1956年生まれ　北海道出身
1977年 文学座付属演劇研究所 青年座研究所所属
[映画]「ソロモンの偽証 後半・裁判」
[舞台] 蝉しぐれ

●伊藤よ祢・役……三谷侑未

1950年生まれ　東京都出身
宝塚歌劇団 1982年 青年座映画放送所属
[主な出演ドラマ]「元カレの遺言状」／「カナカナ」／「青野くんに触りたいから死にたい」
[映画]「二宮金次郎」／「おとうと」

●岩波たつ・役……吉本選江

1946年生まれ　北海道出身
[主な出演ドラマ]
「汝の名」／「ごほうびごはん」／「刑事7人 season7」
[舞台]
「桜姫東文章」／「新四谷怪談」

●倉田思想検事・役……横堀悦夫

1963年生まれ　群馬県出身
[芸歴] 劇団青年座入団（所属）
[主な出演ドラマ]「科捜研の女 season19」「ノーサイド・ゲーム」
[映画]「武士の一分」「映画女優」
[舞台]「ようこそ、ミナト先生」「おれたちは天使じゃない」

●特高高瀬・役……俊藤光利（しゅんどう）

1974年生まれ　東京都出身
2007年4月1日 青年座映画放送所属
[主な出演ドラマ] CX「隣の家族は青く見える」／Amazon prime video「仮面ライダーアマゾンズ」season1 レギュラー／Amazon prime video「仮面ライダーアマゾンズ」season2 レギュラー／TX「警視庁ゼロ係〜生活安全課なんでも相談室」
[映画]「空母いぶき」監督 若松節朗／「仮面ライダーアマゾンズ THE MOVIE 最後ノ審判」
[舞台] 明治座「里見発見伝」／赤坂ACTシアター「真田十勇士」演出 宮田慶二／よみうり大手町ホール「海峡の光」演出 辻仁成

●ナレーター……長谷川稀世

1946年生まれ　東京都出身
6歳より日舞を習い始め、8歳で初舞台を踏む。舞台・映画・テレビドラマと、数多くの作品に出演。1991年3月1日 青年座所属
[主な出演ドラマ] TBS「MIU404」／WOWOW「坂の途中の家」／NHK「赤ひげ」
[映画]「二宮金次郎」監督 五十嵐匠／松竹「釣りバカ日誌 20」監督 朝原雄三／日活「海は見ていた」監督 熊井啓
[舞台] Bunkamura シアターコクーン他「ザ・ウエルキン」／新橋演舞場「老後の資金があ
りません」／新橋演舞場 舟木一夫特別公演「忠臣蔵」／俳優座 他「日本の面影」／中日劇場「最後の忠臣蔵」

●桂壮三郎　監督

（製作・企画・脚本）

●プロフィール

1947 年　福岡県久留米市生まれ
1971 年　日活撮影所助監督として勤務
1975 年　にっかつ児童映画で企画、製作、配給業務を行う
1994 年　企画・製作会社ゴーゴービジュアル企画を設立
1997 年　ゴーゴービジュアル企画で代表取締役に就任
日本映画製作者協会理事／日本映画復興会議代表委員／マスコミ・文化九条の会所沢代表委員

● 1995 年 長編アニメーション映画「5 等になりたい。」企画・製作
文部省選定／厚生省中央児童福祉審議会特別推薦／平成 7 年度児童福祉審議会特別推薦文化財受賞

● 1999 年 長編アニメーション映画「ハッピーバースデー命かがやく瞬間」企画・製作
文部省選定／日本ＰＴＡ全国協議会推薦／（社）青少年育成国民会議推薦他多数

● 2003 年 長編アニメーション「もも子、かえるの歌がきこえるよ。」企画・製作
文部省選定／日本ＰＴＡ全国協議会推薦／厚生労働省社会保障審議会推薦／東京都知事推奨他多数。

● 2005 年 長編アニメーション映画「ガラスのうさぎ」企画・製作
文部科学省選定／日本ＰＴＡ全国協議会推薦／映倫青少年映画審議会推薦／東京都知事推奨

● 2010 年 劇映画「アンダンテ稲の旋律」企画・製作
文部科学省選定／厚生労働省推薦／ 2010 年最優秀プロデユーサー賞受賞／第 25 回日本映画復興賞受賞／文化芸術振興補助金助成作品

● 2013 年 劇映画「ひまわり～沖縄は忘れないあの日の空を～」企画・製作
文部科学省選定、日本映画復興会議復興賞

● 2016 年 劇映画「校庭に東風吹いて」企画・製作
日本 PTA 全国協議会特別選定／日本映画復興会議復興賞／文化芸術振興補助金助成作品

● 2022 年 劇映画「わが青春つきるとも～伊藤千代子の生涯～」監督・製作

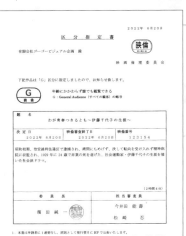

●メインスタッフの紹介

●脚本：宮負秀夫

1944年　東京都生まれ。日本大学法学部卒業。映画、テレビの助監督。その後、記録映画などの監督。
1979年　国際児童年記念シナリオ公募にて「リンゴの詩」入賞。
2006年　第2回京急脚本大賞にて「家族狂詩曲」入賞
[主な作品歴]
1979年　映画「夕焼けのマイ・ウェイ」（監督　岡崎　明）
2008年　映画「いのちの山河」（監督　大澤　豊）
2014年　舞台「アルプスに響け ぞう列車の歌」（演出 後藤俊夫）

●Lプロデューサー：山地　昇

1963年東洋大学法学部法律学科卒業。映画監督代々木忠のプロデュースで「好奇心」「隷嬢」等を演出。その後、エイベックスイメージビデオ、ゲームソフト、CMのデレクターを経てプロデューサーに転じ今日に至る。
[主な作品]映画：「修羅の道シリーズ」「ヒットマンシリーズ」「闇からの招待状」「義兄弟」「夢二」「列島分裂」「電車を止めるな」その他多数をプロデュース。
TV：TBS 月曜ミステリー「東京地検特捜部」フジTV 金曜エンターテイメント「天国へのカレンダー」TBS「医療少年院物語」

●撮影監督：田宮健彦

明治大学文学卒。日本映画学校（現、日本映画大学）卒。在学中に美術・照明助手として撮影現場に参加。その後、撮影助手として劇映画、CM、ドキュメンタリー等様々な現場につく。ホームシック（1999）で撮影監督デビューする。劇映画、Vシネマ、ドキュメンタリー映画、CM、ミュージックビデオ等、様々なジャンルの撮影を担当する。
[主な作品]「キャプテン」（2007）「静かなるドン新章」（2008）「出逢いが足りない私たち」（2013）「誘惑は嵐の夜に」（2016）「スマホを拾っただけなのに」（2019）「下忍 赤い影 青い影」（2019）「鎧甲勇士 猟鎧中国」（2019-2020）「僕が君の耳になる」（2021）

●美術監督：安藤　篤

1977年東京映画、フリー活動、現在、日本映画テレビ美術監督協会副理事長。
[主な作品]「乱」黒澤明監督「優駿」杉田成道監督「海辺の映画館キネマの玉手箱」大林宣彦監督「祈り―幻に長崎を思う刻―」松村克也監督

●照明：守利賢一

（株）Po-Light 代表
[主な作品]「ツレがうつになりまして」佐々部清監督「大綱引の恋」佐々部清監督「親の金は誰のもの」田中光敏監督「のさりの島」山本起也監督

●録音：山口　勉

日本写真映画技術専門学校・京都映画から東映TVプロ勤務後フリー。
[主な作品]「名も無い日」（2021）「修羅の世界」（2022）

●音楽：山谷知明

作曲家／武蔵野音楽大学卒業／映画音楽、TV・CMの音楽、歌、舞台音楽など幅広い色彩の音楽を制作。
[主な作品歴]「校庭に東風吹いて」「ひまわり～沖縄は忘れないあの日の空を～」「アンダンテ～稲の旋律～」「神☆ヴォイス」テレビアニメ「アスタロッテのおもちゃ！」学研「NEW 日本の歴史」アニメーション

●編集：小林由加子

シネマサウンドワークス所属。
[主な作品]「シライサン」（2020）「太陽の蓋（再編集版）」（2021）「189」（2021）

●キャスティングプロデューサー：升本由喜子

●衣裳：笹倉三佳

京都府出身
関西女子美術短期大学卒業　建築科　インテリアデザインコース
日活芸術学院卒業、在学中よりスタイリストのアシスタントとして働きその後衣裳になり5年前にフリーの衣裳になり現在、働いてます。
[TV] 1996　イタズラなKiss　アシスタント／1999　大好き！五つ子シリーズ　チーフ／その他TV多数
[映画]日本沈没／転校生～さよならあなた／22才の別れ／青燕（日韓中合作映画）／ヴィヨンの妻／東京無国籍少女／おかあさんの木／ある町の高い煙突／アライブフーン

●メイク：オオクボエミコ
●助監督：森山茂雄
●記録：増田実子
●制作担当：鈴木　智

●心から推薦します

治安維持法犠牲者国家賠償要求
同盟中央本部会長　吉田万三

100年前、10代、20代の女子が働く製糸工場では、昼夜を問わず働かされる過酷な労働環境や理不尽な社会に、疑問を感じた青年たちが声を上げました。天皇制政府は、こうした活動を社会悪として治安維持法で弾圧。逮捕・投獄された伊藤千代子の物語は、社会変革への志を曲げることなく24歳の生涯を閉じた真実の物語です。日本には無数の名もなき伊藤千代子たちがいたのです。その喜び、悲しみ、苦闘の上に、私たちは立っています。

●プロダクションノート

●コロナ感染予防と撮影現場

コロナ対策衛生班：平沢清一　佐藤　契

　始発電車に乗り、早朝の新宿郵便局前へ。（6:00）非接触体温計と消毒スプレーを携え、ロケに向かうため三々五々集合する30人程のスタッフ＆キャストを検温・消毒し、チェックリストに記入。マスクで顔を覚えるのに難儀する。（6:30）4台の車両に分乗して順次出発。渋滞に巻き込まれながら、ロケ地に到着。準備作業で慌ただしい撮影現場の換気・消毒

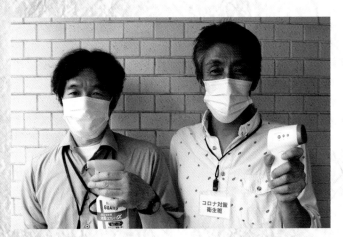

を実施する。（9:45）撮影開始。スタッフは常時マスク着用、キャストは段取りまでマスク、テスト時にはフェイスシールド、本番で外すという規定で進行する。狭い部屋での撮影などフェイスシールドの受け渡しに手間取り叱責されることも。昼食時に手指の消毒を励行。随時現場入りするキャストとエキストラの検温・消毒対応も。（17:00）撮影終了。撮影現場の消毒を済ませ撤収する。（21:45）新宿郵便局前到着・帰宅。以上のような感染対策を繰り返す、長野・茨城・静岡などに赴いた約1か月のロケ撮影。試行錯誤の連続だったが、スタッフ＆キャストの協力の下、感染者を出すことなく無事終了した。

●ボランティア・エキストラ　奮闘記

演技事務担当：宮負秀夫

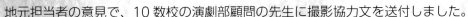

　全国の支援者がエキストラに参加したいとのことで長野、埼玉、茨城、千葉、東京、神奈川の各撮影地にＥＸ（エキストラ）担当者が決まりました。

　困ったのは、製糸工場の工女役を女高生に頼みますが、保存された製糸工場は見学者の少ない平日でないと撮影できません。

　地元担当者の意見で、10数校の演劇部顧問の先生に撮影協力文を送付しました。

　その後、電話で再度お願いして、部活の一環として10数人が参加してくださいました。また、撮影前日になり予定者が仕事で休めず、担当者がやっと夜分に出演承諾をいただくなど、担当者の方々には本当に助けられました。

　遠く京都や岐阜、仙台から前泊しての参加者や、ご家族で、ご夫婦で、小学生24人など、赤子から80代まで、188名の方が参加してくださいました。

　出演の皆さんが当時の衣装に着替え、その姿をお互いにスマホで撮り合い「参加して、おもしろかった。良い記念になった」と笑顔で語る姿が、今でも印象に残っています。

◆ 名場面「映画ふかぼり」◆

★獄中でうたう連帯の歌

映画冒頭シーン。この映画が全国からの拠金で製作されたことを示す名簿が掲出される場面。低く深く呼吸するような音曲が流れる。年配の方々はどこかで聴いたような曲だと気付く。

やがて伊藤千代子たちが市ヶ谷刑務所で長期勾留と虐待への抗議に起ちあがり一斉に歌い出したのは「赤旗の歌」。原曲はドイツ民謡でおなじみの「樅の木」。戦後も長く労働歌として歌われた。
「♪民衆の旗赤旗は　戦士の屍を包む　屍固く冷えぬ間に　血潮は旗を染めぬ……」と。バックコーラスは中央合唱団。

★エンピツ革命

1928年3月15日弾圧事件後の秋、東京女子大社会科学研究会に参加した千代子の後輩の塩澤富美子（八王子出身。のち野呂榮太郎と結婚）は、市ヶ

谷刑務所に勾留されたおり、大胆にも着物の襟に鉛筆の芯を縫い込んで入所。

それ以前の獄内通信は、週2回30分の日光浴のための中庭の地面に木釘で「キールンで渡政（わたまさ・渡辺政之輔共産党委員長の略称）殺さる！」などと記して情報を伝え合っていた。

エンピツの芯は2㎝に刻まれて「配給」され、聞き知った情報や意見などのメモを運動場の穴に石の蓋をして交換し合った。

★市ヶ谷刑務所女子舎房（女区）はなぜ……

男子房が近代的なコンクリート製だったのに対して女子舎房は木造。看守の監視をかい潜り壁を叩いての通信や窓側からの声掛けの工夫をして連絡取り合った。当初、独房毎の連絡を取りにくくするために思想犯は隔房置きに収容（配置図は原作本109㌻）。千代子は女区入り口に近い病舎に収容され、入所してくる社会科学研究会、女子学連、産業労働調査所、労農党活動などを通じて知り合った女性活動家たち殆どを識別し、激励の声かけ等を行っていく。

3・15事件（1928年）、4・16事件（29年）当時は最高時19人の女性活動家が収容されたため満室状態で千代子の隣房の病室には、原菊枝（新潟出身）、拷問で起ちあがれなかった西村櫻東洋（おとよ。佐賀県出身）などが収容されてきて激励しあった。「ウエルカム・ニシムラ」（原作171ページ）は実話。

★ステさんの面会

千代子は月1回の面会の機会を作り、刑務所内部の同志たちの動向（病気、差し入れ、面会の有無などの）を、夫浅野の母ステさんに伝えていた。当時、市ヶ谷刑務所入り口近くに「3・15事件被弾圧者」救援のための解放運動犠牲者救援会（今日の国民救援会の前身）事務所があり、ステさんはそこに駆け込み千代子の伝言や拘置所内の同志たちの動向を伝えていた。ステさんが胸元から「山宣（山本宣治労農党代議士）、右翼暴漢に刺殺された」との「メモ」を見せるシーンなど。

★土屋文明「千代子を詠う」

歌人の土屋文明（群馬県出身）は苦学して一高・東大を出たが

就職先が決まらず、見かねた友人が長野県諏訪高等女学校での教鞭の機会を作った。学校は「花嫁学校ではない」「教育は人間育成の場」と位置付けて生徒たちを励ました。その最初の入学生の平林たい子（のち女流作家）は才気煥発、同級生千代子はその陰に隠れていた。文明は千代子の内に秘める才能を見抜き、将来を嘱望していた。

その教え子を弾圧で奪われた憤りを軍国主義の進行する1935（昭和10）年秋、
「こころざしつつたふれし少女（おとめ）よ
　　新しき光のなかに置きて思はむ」と詠った。

★伊藤千代子の手紙なぜ？　苫小牧

バックスクリーンに、千代子が獄中で綴った最後の4通の手紙が上がっていく。今世紀最大の「発見」となった「伊藤千代子が亡くなる直前に認めた手紙」4通が、映像としては初めて紹介された歴史的瞬間に皆さんは立ち会えました。（副本『地しばりの花』参照）

手紙は、夫であった浅野晃の母、義妹たちあて。獄中生活が一年過ぎ、獄中で転向せずに頑張る千代子は釈放されず、長期の獄中生活への覚悟を「地しばりの花」に託して、「命あるものはあらん限り生きようとしているのですね」と語りかける。

この手紙は、浅野が戦後5年間移り住んだことがある由で、北海道苫小牧市立図書館の「浅野晃資料コーナー」に送られその中に埋もれていた。当時、日本共産党苫小牧市議の畠山忠弘氏の粘り強い探索によって2002年発見され、公開されたが写真の撮影はいっさい許可されなかった。今回、伊藤千代子直筆の手紙4通が、苫小牧市立図書館の配慮で大写しで映像として蘇った。

★社会進歩の盾としてはだかっていた「絶対主義的天皇制」

当時の党の指導部にいた水野成夫は獄中で思想検事の誘導に負けて、明治以降の日本を支配していた天皇の専制的な支配構造（マルクス用語で「絶対主義的天皇制」）を認めてしまい、共産党を解体せよと主張し、国民の願いに背をむけた。千代子たちはこの科学的社会主義理論に反する考え方と行動を批判し結束して闘います。

思想係検事は、獄中のリーダー千代子を転向させようと手練手管を弄し、最後には夫の浅野晃の「転向上申書」を見せて千代子を窮地に追い込もうと企てる。最愛の夫迄奪われた悔しさ、苦しみの蓄積の中で精神的限界を超えてしまった。

一時的に錯乱に陥った千代子が、「テンノウヘイカバンザイ」と叫んだのは、彼女が「天皇絶対の専制支配」を認めたからではなく、極端な抑圧の反動としての現象であり、仮保釈迄させて千代子の説得に来た浅野をきっぱりと拒絶した千代子の姿によって証明された。

★真の愛国者を弾圧した治安維持法って

治安を守るための良い法律？　全く違います。戦前、戦争反対、主権在民、ジェンダー平等などを主張して世の中を良くしようとして活動した共産党員・活動家とその所属組織や思想を取り締まる法律で1925年成立。国民が要求して実現した普通選挙法の成立で目覚めた国民の政治意識が盛り上がるのを抑える役割をもった。翌年には、刑期を死刑に引上げ、「目的遂行罪」の付与で弾圧の対象を際限なく広げた。侵略戦争に反対する国民弾圧のために何度も改悪され、数十万人を超える人々が犠牲となった。

特高警察はこの法律の尖兵の役割を持ち拷問と暴虐が繰り返された。送検された人々を転向させるために「思想係検事」が執拗に誘導した。

（藤田ⓒ）